내가 보는 세상에는

詩集

내가 보는 세상에는

조주연

이음과펼침

시인의 말

삶은 각자의 속도로 써 내려가는
하나의 정직한 기록입니다.

때로는 짙은 구름 속 어둠을 품기도 하지만
그 가장자리는
언제나 눈부신 빛을 머금고 있었습니다.

서로 다른 일을 하며 살아가지만
우리는 같은 공간에서
나란히 겨울을 납니다.

각자가 피어나는 시간이 오면
저마다의 금빛을
아낌없이 쏟아내며 성장합니다.

어둠을 밀어내기보다
빛과 함께하는 법을
혼자 가기보다
함께 곁을 지키는 법을 생각합니다.

모두가 이 시집과 함께
빛나는 자기 무늬를 찾아가기를 바랍니다.

목차

엉겅퀴

뾰족한 가시의 엉겅퀴는
다가가기 힘든 모습이지만
누구보다 진한 보랏빛 꽃을 피워냅니다

거친 가시를 마다하지 않고
찾아든 벌의 수고로움
달콤한 꿀을 얻습니다

지금 당신이 겪고 있는 고된 일들은
자신을 지키기 위한 가시를
스쳐가는 과정일지도 모릅니다

세상이 거칠어도 그 속에서
묵묵히 나의 길을 가는
수고로움이 있다면

우리의 삶도
꽃보다 더한 아름다움으로
기억될 것입니다

개나리

개나리 꽃에 앉은 직박구리
노란 봄기운을 알리고

지나온 계절의 차가운 기억은
가냘픈 꽃잎에 닿아
향기로운 노래가 된다

겹쳐진 시간

바랜 단청 아래 겹쳐진 시간의 층위
우린 잠시 어제의 공기를 빌려 걷습니다

낮게 내려앉은 북악산의 안개 사이로
과거와 현재가 무심히 발을 맞추는 오후

수백 년 박석 위로 포개어지는 발걸음들
멈춘 듯 흐르는 시간의 틈을 메웁니다

호수

어슴프레한 하늘과
호수의 잔잔함에
마을에는 평온이 깃들고

무엇인지 모를 나의 마음 속의
또다른 나를 만나기 위한
길로 향한다

선착장

끝없이 펼쳐진
하늘과 바다는

마음이 여러 곳에 머무르지 않게
잔잔한 위로가 된다

호숫가

초록의 나무와 집은
평안한 안식처

멀리 여행 갔다가
집으로 돌아오는 길에

저 멀리 보이는 나의 집
포근함을 느낀다

수국

세상 속도에 숨이 벅찰 때
촘촘히 맺힌 푸른 꽃송이들은
어지러운 생각들을 둥글게 모은다

고단한 어깨를 말없이 내어주듯
비에 젖어 선명해지는 잎사귀처럼
나의 계절에도 고운 미소를 띄운다

물그림자

물가에 비친 나무들이
참 멋지다

나도 나의 모습을 비춰본다
내 모습도 아름다울까?

푸른 잔디

푸른 잔디에 눕고 싶다

누워서 하늘을 본다

너무 평안해서 좋다

수련

밤이 되면 꽃잎을 달고
휴식하는 수련의 모습은

멈춤이 얼마나 중요한지를
우리에게 가르쳐 주는 듯

노을 물그림자

버드나무 늘어진 가지 사이로
하루의 고단함이
바람결에 흩어지고

강물 위에 내려 앉은 노을은
작은 물결 하나하나에
보석을 심어놓습니다

오늘도 수고한 어깨 위에
강물이 전하는 따스한 위로가
내려 앉기를

물 위 가을그림자

물 위의 가을이 시간을 멈춘 듯
당신의 마음도
잠시 쉬어가도 괜찮습니다

흐르는 강물처럼 바쁘게
살아온 당신에게

오늘의 멈춤은
포기가 아니라
새로운 도약을 위한 준비

무지개

비온 뒤에야 무지개가 뜨는 것은
슬픔 뒤에 더 큰 지혜가
찾아온다는 약속입니다

빨주노초파남보
어울림 속에 길이 있고
서로의 다름 속에 빛이 있습니다

바람 들판

치열했던 소음들이
하나 둘 자취를 감추고
바람조차 멈춰 서는 시간

이곳에 모인 고요는
오늘을 살아낸 당신의 진심이
차오른 자리

오늘도
살아있음에 감사합니다

꿀벌

스치듯 지나는 자그마한 인연조차
누군가에겐 살아갈 이유가 되고
무채색 풍경을 분홍빛 설렘으로 물듭니다

거창한 약속이 없어도 좋습니다
그저 온기를 나누는
이 짧은 만남으로도

우리의 계절은 이미 충분히 눈부시고
세상은 아름답습니다

연꽃

창가에 내려앉은 햇살이
꽃잎 테두리를 부드럽게 감쌉니다

어지러운 마음은 접어두고
나의 색을 잃지 않고
환하게 웃어주는 일

그것으로 충분히
나의 하루는 눈부시게 피어납니다

코스모스

코스모스의 꽃말 중 하나가
순정이라고 합니다

오늘 하루 우리도
저 꽃잎처럼

가벼게 스치는 바람마다
고운 웃음을 지어봅니다

새

마주하는 시선 속에
따스한 안부가 오갑니다

꾸미지 않아도
충분히 아름답다는 격려에

나의 하루도
비로소 가벼운 날개를 펩니다

양귀비

양귀비의 꽃망울이
솜털을 뚫고
붉은 얼굴을 내미는 모습이
참 강렬합니다

망설임 없이 피어나는
저 용기는
햇살을 머금은
가장 밝은 약속입니다

움츠렸던 마음도
기지개를 켭니다

두 나무

어깨를 나란히 하고 서 있으되
서로의 가치를 침범하지 않습니다

너무 가까워 그늘로 가리지 않고
너무 멀어 외로움이 스며들지 않게

바람이 드나들 길 하나만
서로의 사이에 비워둡니다

그 빈 공간이 있어 우리는 비로소
각자의 색깔로 온전한 숲이 됩니다

거리는 떨어져 있어도
곁에 있음이 위안이 되고

삶은 그 거리를 아는 데서
평온이 됩니다

매발톱

누구에게 보이기 위한 몸짓이 아니라
제 안의 생명력을
마음껏 펼치는 시간

희고 붉은 꽃잎이
바람의 리듬을 타고
고운 춤사위를 그려냅니다

오늘 하루 우리도
저 꽃처럼
자신만의 무대 위에서
환하게 빛나기를

자주달개비

길을 걷다 발걸음이 멈춘 건
짙게 물든 보랏빛 때문입니다
자기 색깔로 피어 있습니다

애써 보이려 하지 않아도
충분히 선명한 저 꽃잎처럼
우리도 있는 그대로 충분합니다

장미

피어나는 일은
나를 온전히 다 보여주는 일
그 찬란한 무모함이
한 송이 장미 안에 고여 있습니다

장미의 선명한 붉은 빛은
지금 그 순간을 후회없이 살아가라
말처럼 느껴집니다

애벌레

기다림은 더 이상 멈춰 있음이 아닙니다
고통은 비로소 무늬가 되고
침묵은 눈부신 날개가 됩니다

가장 낮은 곳에서
꿈꾸던 자만이 가질 수 있는
푸른 허공의 주인이 되는 기다림의 끝

복사꽃

기다림이란
단순히 시간을 흘려보내는 일이 아니라
캄캄한 어둠 속에서

자신의 가장 연약한 부분을 깎아
빛나는 순간을
정교하게 빚어내는 과정입니다

꽃의 아름다움은
이면에 숨겨진 견고한 시간의 깊이에서
비롯됨을 느낍니다

나비꽃 가우라

기다랗게 뻗어 나온
손가락 같은 꽃잎은

마치 세상을 향해 건네는
섬세한 인사이자

아직 오지 않은 내일을 향한
간절한 부름입니다

연밥

눈부신 꽃잎들은
계절의 뒷편으로 가고

남은 연밥은
오로지 스스로를 단단하게 만드는
결실을 만듭니다

안으로 알알이
영글어가는 당신은
이미 온전합니다

연꽃

진흙 깊은 곳에
뿌리를 두고도

당신이 이토록
눈부신 이유는

주변의 어둠을
탓하지 않고

스스로 빛이 되기로
마음먹었기 때문입니다

골목길

축축한 골목길은
세상을 잠시 늦춰줍니다

느림은 낙오가 아니라
풍경 속으로 깊이 스며드는 일

잠시 머무른 자리에
조용한 휴식을 만납니다

호수마을

거울 같은 물결 위에 비친
구름의 느릿한 걸음을 바라보며
내 안의 소란도 잠시 내려놓는다

산과 물과 나무가 함께 빚어낸
고요한 풍경에
깊은 평화를 느낀다

서울의 전경

높은 곳에서 바라본 세상은
모든 소란을 품에 앉고도
고요히 흐르는 강물처럼
말없이 제 갈길을 갑니다

작은 점처럼 움직이는 사람들
그들 하나하나의 이야기가 모여
이 거대한 도시의 심장을
뛰게합니다

하늘은 그 모든 것을
말없이 지켜보며
잠시 쉬어가는
구름 그림자를 드리웁니다

파란 들판

애써 달려온 시간들이
저물어가는 노을 아래 잠시 멈춰 섭니다

수고했다는 말 한마디보다
그저 말 없이 안아주는 바람의 온기가
더 큰 위로가 되는 오후

오늘 하루 흘린 땀방울이
내일의 푸른 싹이 되어 돋아나기를
진심으로 바랍니다

신사에서의 결혼식

오래된 숲의 고요함 속에서
이루어지는 이 행렬은

인생에서 가장 중요한 순간을
정중하고 환하게 맞이하는 약속

무스카리 꽃망울

한 송이
한 송이
차곡차곡
쌓아올린 보랏빛 꿈

서두름 없이
무스카리의 계절은

가장 작고
함께 어우러진
모습으로
가득 채운다

프라하

붉은 지붕들 사이로
흐르는 강물처럼

나의 마음도
평온하게 흘러가는 중

얼레지

줄기 끝에서
고개를 아래로 떨구고

얼핏 겸손해 보이지만
자신있게 꽃잎을
활짝 펼친 모습은
화려한 생명력을 자랑하고

뒤엉킨듯 가지 사이로
스며드는 햇빛 아래
먼저 봄을 노래하는 꽃

오랜 기다린 끝에 피어난
우리의 봄도 찬란하기를

녹차밭

끝없이 펼쳐진 초록 물결

보는 것만으로도

마음의 소란이 사라지고

평온이 다가옵니다

호박엿

어렸을 적 장날에 만난
호박엿 장수

어린이였던
그 시절의 내 모습이
달콤하게 스친다

낚시

무릎까지 차오른 강물은
세상의 속도에 지친
나를 붙잡아

잠시 이 흐름에
머물다 가라고 말한다

도로

바쁘게 돌아가는
세상의 중심에서

잠시 한 발자국 물러나
풍경의 일부가 되어본다

가족

특별한 대화가 없이도 괜찮습니다
서로의 숨소리를 공유하며
같은 곳을 바라보는

공존의 시간 속에서
우리는 비로소 가장 편안한
자신이 됩니다

노란 꽃

닮아가는 일
하늘의 태양을 너무 사랑해서
얼굴마저 노랗게 물든 마음

그 신비로운 빛을 닮아
오늘도 나는 당신을 향해 핍니다

꽃과 나비

꽃은 나비에게
아낌없이 꿀을 내어주고
나비는 꽃이 번식을 돕습니다

계산없이
서로를 완성해주는
이 관계가
무한한 사랑입니다

명태

빨간 줄에 걸린 명태 모습을 보며
심한 추위가 생각 납니다

영하의 눈보라 속에서
얼었다가 녹았다를 반복하며

비로소 명태는
우리를 살찌웁니다

파도

바람의 결을
온몸으로 받아내며

복잡했던 어제의 소음들을
파도 뒤로 흘려보낸다

꽃 위의 벌

벌이 꽃에 집중하듯
당신의 오늘 하루도

당신을 가장 행복하게 하는
그 무언가에
온전히 몰입했는지

선인장

어떤 꽃은 향기로 말을 건네지만
선인장은 날 선 가시로 대화를 건넨다

가시 끝에 맺힌 날카로움이
자기를 지켜내는 최고의 방법입니다

연분홍 장미

겹겹이 쌓인 꽃잎처럼
수줍게 머금은 분홍빛 속에는
행복이 층층이 쌓여간다

피어나는 순간의 고요함
그 안에 담긴 순수한 아름다움

꽃의 중심부터 겹겹이 서 있는
꽃잎들처럼
따스한 일들만 가득하다

멸치털기

사방으로 튀어 오르는 물고기들의
역동적인 움직임

삶의 현장에서
최선을 다하는 사람들

보는 이의 마음에도
활력을 불어넣는다

밤바다를 건너는 다리

어두운 밤바다 위

화려하고 빛나는 대교는

인생의 한 가운데서 만난 이정표

민들레 홀씨

홀씨는
금방이라도 날아가듯
위태로워 보이지만

비워내야 가벼워지고
가벼워져야
비로소 날 수 있기에

낙엽

바스락거리는 낙엽 소리에
발을 멈추면

잊고 있던
계절의 소리가 들려온다

서두름 없는 자연이 그러하듯
각자의 속도로 계절은 지나간다

개구리

잠시 멈춰야만
비로소 보이는 것들

수면에 고개를 내밀고
마주하는 세상

골목길

목적지 없이

흘러 들어온

골목에서

여행이 시작된다

불꽃 놀이

잠시 나타났다 사라지는 불꽃처럼

지금 이 순간의 고민도

결국 밤하늘 너머로 흩어진다

구름

구름은
단 한순간도
같은 모양으로
머물지 않는다

바람따라
끊임없이 흘러
하늘의 표정이 된다

영원히 머물 것 같아도
결국은 흐르고
또다시 맑은 하늘이

잠자리

바쁘게 흘러가는 일상 속에서
마주한 멈춤은

당신이 가진 가장 아름다운 무늬를
세상에 보여주는 시간입니다

강아지풀

바쁜 걸음을 멈추고

자연의 품에서 얻는 휴식은

내일을 위한 귀한 시간입니다

보랏빛 꽃

어둠 속에서 피어난
한 송이 보라 드레스

겹겹이 프릴 잡힌 치마자락
길게 늘어뜨린 황금빛 술장식
고요한 속삭임처럼 흔들리고

세상 모든 시름 잊고
오직 너의 선율에 귀 기울이다 보면

나조차도 잊고 있던
내 안의 가장 깊은
시어가 깨어난다

갈대밭

머리 위로 쏟아지는
가을 햇살을 받아

눈에 보이지 않는
바람이 지날 때마다
유연하게 흔들리는 갈대들

소망을 품은 나무

수천 개의 마음이 매달려 흔들릴 때
나무는 묵묵히 그 무게를 견디며
하늘로 뿌리를 뻗는다

당신이 몰래 적어둔 그 마음
이 깊은 나무의 결이 기억하고 지켜줄 거야

바람에 부딪히는 목패 소리
당신의 소원이 이루어지길
바라는 나무의 기도

나비

당신이 머무는 자리도
오늘 저 노란 꽃처럼
누군가에게
따스한 쉼표가 되고

당신의 발걸음도
나비처럼 가볍고
자유로운 여행이
시작되기를 바랍니다

수선화

맑고 투명한 노란 빛깔은
새로운 시간을 기다리는 설렘

신비로운 생명력을
느끼게 합니다

우선 챙겨야 할 것은
바로 내 마음입니다

유럽의 광장

낮의 활기가
서서히 물러간 광장에는

노을 빛을 머금은 하늘과
오랜 건물의 그림자가

마주치며
따사로운 평온을 선물한다

단풍나무

비상을 향한 준비
바람을 타고 날아오르듯

가끔은 익숙한 곳을 떠나
자연의 바람을 타고
날아오를 용기가 필요하다

꿀벌2

꿀벌처럼 활기차고

기분 좋은 일이

꼬리에 꼬리를 무는

하루가 되길

하얀 꽃

가장 작은 꽃들이 모여
가장 큰 화려함이 되듯

소소한 오늘이 모여
눈부신 미래를 만든다

저 꽃들처럼

금낭화

꽃이 건네는
상큼한 위로

말없이
가지런히 피어나지만

그 어떤 질서의 평화보다
강한 위로를 건넵니다

꽃과 나비2

꽃과 나비의 만남은

단순히 스쳐지나는 인연이 아니라

서로의 존재를 가장 화려하게 완성해주는

다정한 약속입니다

비오는 날의 단풍

세상이 잠시 숨을 고르는 시간

비는 소리 없이 내려와

나뭇잎 끝에 작은 보석들을

매달아 놓는다

우아함

날카로운 가시를 딛고

날개를 펼친 나비처럼

엉킨 삶의 자리에서도

가장 우아하게 존재한다

철쭉밭

산은 분홍빛 꿈을 꾸고
태양은 눈부시게 축복합니다

엉켰던 마음의 가지들을 잠시 두고
끝없는 꽃길을 걷다 보면

산울림을 듣는
마음이 참 행복합니다

목련

목련 아래 서 있으면
마치 시간이 느리게 흐르는 것만 같습니다

소란스러운 일상 속에서
잠시 멈추어

이 하얀 꽃잎이 머금은
고요함을 마음껏 들이마셔봅니다

수줍음

자연이 빚어낸 작고 소중한 보석

연약한 줄기 끝

조롱조롱 매달린 것은

누군가를 향한 수줍은 마음

불꽃놀이

어두운 밤일수록
빛은 더 선명하게 피어난다

우리의 계절도
이 불꽃처럼

가장 높은 곳에서
화려하게 빛나기를

금낭화2

작은 종 같기도 하고
하트 모양의 사랑

보는 사람의 기분을
단번에 화사하게 하고

분홍빛 사랑이
조용히 말을 건넨다

해바라기

강렬한 생명력이 느껴진다
태양 닮은 꽃잎
꽉찬 씨앗

오직 빛만을
기억하는 마음

자기 안의 태양을
꺼내는 시간

불꽃

어둠을 가르는

찬란한 불꽃처럼

잠시 머물다 사라지기에

더욱 애틋한 순간

터널

어둡고 긴 터널 안에
갇힌 것만 같고
앞이 보이지 않을 때

하지만 기차는 멈추지 않고
선로 위를 달린다

터널 끝에서 기다리는
눈부신 순간을 위하여

그리움

어디론가 가야한다는 생각 대신
지금 이 풍경 속에
오롯이 스며들고 싶은 시간

흐르는 물결 위에
그리움 한 조각 띄워놓고
이 고요한 빛 속에 나를 가둡니다

눈이 많이 내린 날

그해 겨울
집 앞의 나무와 지붕은
새하얀 옷을 입고
나와 아이들을 반겼다

눈사람을 만들고
내리막 미끄럼을 타고
겨울의 포근한 선물

부다페스트

하루 끝에 물들어가는 붉은 노을은
가슴깊이 아련한 여운을 남긴다

그 아쉬움 뒤에 찾아오는
짙은 어둠은
사실 당신이라는 빛을
더욱 돋보이게 하는 최고의 조력자

어둠이 도운 그 찬란함이
당신을 가장 눈부시게 만드는 순간

세상의 시간마저 잠시 멈춰
당신의 아름다움을 축복한다

물결 야경

어둠이 지나간 자리에
결국 가장 찬란한 세상이
당신을 기다릴거에요

오늘도 애쓴 당신에게
포근한 밤의 인사를 전할거에요

서두르지 않아도 괜찮아요
출렁이는 그대로
충분히 아름다우니까요

닻

닻을 내린 평온의 멈춤
잠시 멈춰 선 휴식 속에

힘들었던 기억들이
지워지고

나를 빛나게 하는
소중한 추억이 된다

안부

봄은 그저
스치는 가벼운 바람속에

안부를 섞어
당신의 곁으로 다가옵니다

푸른 하늘에
흩뿌려진 목련처럼

오늘이 최고로
환하게 빛나기를

해질녘 바다

고단한 항해를 마친 배들이
바다 위에 멈춰 서는 저녁

수평선 너머로
하루가 저물어가도

삶의 궤적마다
붉은 노을이 따라갑니다

개화

오롯이 나인 시간

남의 시선에 흔들리지 않고
내 마음의 햇살을 따라
가끔 나다운 색깔로 피어나는 일

그것이 세상에서
가장 아름다운 개화

노을

오늘 하루 노을처럼 뜨겁게
아름답게 살아낸 당신에게
박수를 보냅니다

남겨진 여운은 잠시
가슴에 묻어두고
이제는 편안하고 고요한 밤이 되길

야경

하루의 소란이 저물고
어둠이 천천히 도시를 감싼다

수많은 창문마다 피어나는 불빛은
각자의 삶을 비추는
작은 이야기들

어떤 이는 희망을
어떤 이는 외로움을
저마다 다른 빛으로 반짝인다

빛의 속도

어둠 속의 조명은
흔들림없이 길을 안내합니다

가장 빠른 빛이 되어
어둠을 몰아내고

오로지
자신만의 레이스에 집중합니다

빛의 다리

검은 강물 위로
빛의 다리가 놓일 때
어둠은 갈 곳을 잃고 흩어집니다

빛의 다리는
오늘 당신의 고단한 밤을
부드럽게 감싸줍니다

해 지는 바다

해가 지는 바다 앞에 서면
복잡했던 마음도
수평선처럼 평온해집니다

모든 것을 쏟아부어
붉게 타오른 뒤
사라진 태양처럼

오늘 하루를 후회없이
비워냅니다

비워낸 그 자리에
내일 다시 솟아오를
새로운 희망을 기다리며

활기찬 아침

구름을 뚫고 번져 나오는
강렬한 태양에
활기찬 아침을 맞이한다

오늘 흘리는
정직한 땀방울이

더 눈부신
내일의 나를 만든다

숯불

형체 없는 불꽃
여전히 곁을 맴도는 포근함
시린 마음을 토닥여주는 밤

우리의 마음 또한
어느 누군가에게
꺼지지 않는 따스함이 되기를

솔체꽃

우리가 잊었던 것들을 다시 기억하게 하는
아무런 꾸밈도 없이 그저 피어난 존재

그 투명한 빛깔 앞에 서면
소음은 잦아들고

오직 솔직한 울림들이
가득합니다

하얀 장미

단순함은
아무것도 없는 상태가 아니라
꼭 필요한 것만 남겨진 상태

세상에서 가장 어려운 건
절제의 단호함
덜어낼수록 선명해지는 삶

비를 머금은 꽃들의 향연

고단한 빗줄기가 지나간 자리에
더욱 선명해진 분홍빛 진심

혼자 피어나는 외로움 대신
함께 젖고 함께 견디며
우리는 더욱 뿌리깊은 향기를 품는다

노을

지친 마음을
구석구석 환하게 비추고

삶의 모든 흔들림조차
아름다운 보석처럼
반짝이게 만든다

은행알

연두빛 알알이 가지에 매달려
스스로를 밀어넣는 단단한 시간

기다림은 가장 치열하게
안으로 깊어지는 일

묵묵히 견뎌낼 시간들이 쌓여
만들어낸 고요한 무게

당신의 침묵은
가장 밀도 높은 결실을
준비하는 눈부신 과정입니다

바람의 손길

상상하게 만드는 구름 위 저 너머
너를 볼 수 있을까

내가 보는 이 하늘을
너도 볼 수 있을까

걷혀진 구름 속
너의 얼굴을 그려본다

나는 네가 그립다

청둥오리

날개를 활짝 펴
세상의 빛을 모으며

자신의 넓은 면으로
당신을 안으며

단단해진 진심을
모두 내어 드리고

물에 비친 그림자를 안으며
서로를 지탱하는 따뜻함이 된다

돌담벽

빼곡히 쌓인 돌담벽
어느 하나 똑같은 게 없네

너는 어디고?
나는 어디고?
어느 곳에서 우리는 꽉 채워져 숨쉬고 있네

세월이 지나
조금의 틈새로
서로를 알아보며 인사를 나누네

너는 여기
나는 여기
서로를 알아간다

봄의 약속

찬 바람 가고
볕이 드는 길목마다
노란 꽃들 줄지어 피었네

가느다란 줄기 끝에
차곡차곡 매달린 꽃송이들

어둠을 뚫고 나온 노란빛깔
우리가 기다려온
봄의 희망

시간의 결

바람은 지나가고
햇살은 머물지만

모든 결을 몸으로
받아 적는다

깊게 패인 줄기마다
굳게 고인 침묵

단단한 무늬의
나이테가 된다

나름의 멋부림

화려한 계절을 지나
몸을 길게 늘릴 때 보이는 우아함

아래를 향해
자신의 색을 쏟아내는 법

기운을 다해 늘어뜨린 저 꽃잎은
치열했던 시간을 견뎌낸

세월이 선물한
세련된 멋부림

붉은 씨앗

화려한 꽃잎이 지고 난 자리에
비로소 맺히는 붉은 단단함

껍질을 뚫고 나온 진심은
어제보다 조금 더 선명한

어떤 풍파에도 흔들리지 않는
나만의 고유한 무늬가 된다

기억의 잔상

비워내려 할수록
더 선명해지는 너의 모습

버리지 못한 마음들이
바람에 흔들리고

지나가는 바람을 붙들고
그 곁에 서서

흔들리면서도 끝내
떠나지 못하는 나의 마음

분홍빛 번짐

어디가 시작인지 모르겠다
바람이 툭 건드리고 간 자리마다
분홍빛 물감처럼 번진다

가녀린 몸짓들이 모여
서로의 어깨를 기댄 채
들판 가득 커다란 물결을 이룬다

비워낼수록 가벼워지는 마음들이
초록잎 사이사이 수줍게 피어나
가을 하늘 아래 끝없는 길을 낸다

울창한 무질서

함부로 뻗어 나간 모습은
서로를 지탱하는 보이지 않는 손길

빽빽하게 들어찬 잎사귀들
바람길을 내어주는 정성

수만 개의 어긋남이 모여
하나의 풍경이 되고

나의 소란스러운 하루도
고유한 생의 질서 속에 있다

내면의 밀도

서두르지 않고
초록의 침묵 속에 머문다

가려진 시간은
안으로 나를 채우는
치열한 성장의 통로

단단하여 여문 고요 끝에
내면의 밀도를 채워가는 일

반가사유상

미소로 가득한 침묵
나를 찾는 환한 길

명상으로
내안의 진실을 듣는 것

멈춰서서 가만히 턱을 괴니
어지러움 속에 나를 지키는 불빛

마음을 비우니
고요와 평온이 온다

추억

낮은 곳에서 올려다보던
반짝이는 추억

품안의 온기는 사라져도
눈동자에 새겨진 사랑은
지워지지 않는다

세월은 풍경을 바꾸지만
함께 했던
눈맞춤은 그대로 머문다

성장의 속도

서두르지 않아도
괜찮습니다

초록의 침묵이든
붉은 확신이든

우리는
저마다의 속도로
익어가는 중이니까요

은행나무

시린 파란 색이 깊어질수록
은행잎은 제 안의 금빛을
가장 뜨겁게 토해냅니다

비워내야 할 시간 앞에서
가장 눈부신 빛깔로
자신을 증명하는 일

그 찬란한 행복이
우리의 계절을 밝힙니다

시차

어제 보낸 나의 인사가
너의 오늘에 도착했다

우리는 늘 한박자씩 늦은 계절
내가 꽃을 피우려 마음을 다할 때
너는 이미 낙엽을 쓸고 있었다

나란히 걷고 있다고 믿었지만
서로의 잔상만을 쫓던
길고 긴 평행선 위

너는 너의 시간을 살고
나는 나의 시간을 견딘다

닿지 못한 진심들이
먼지처럼 하얗게 흩어진다

내가 보는 세상에는

초판 1쇄 발행 2026년 2월 11일

지은이 조주연
펴낸이 권지현
펴낸곳 이음과펼침
책임편집 이음과펼침 편집부

출판등록 2025년 7월 21일 제2025-000129호
주소 서울시 서초구 양재동 392-3, 202B
이메일 connectnbloom@gmail.com
원고투고 connectnbloom@gmail.com
홈페이지 www.connectnbloom.com

ISBN 979-11-24329-04-7(03810)

· 가격은 뒤표지에 있습니다.

· 파본은 구입하신 서점에서 교환해 드립니다.